El choque de las generaciones en las empresas

GERARDO MARTIN ARAYA NARANJO

Published by GERARDO MARTIN ARAYA NARANJO, 2024.

EL CHOQUE DE LAS GENERACIONES EN LAS EMPRESAS

First edition. March 21, 2024.

ISBN: 979-8224430925

Written by GERARDO MARTIN ARAYA NARANJO.

El choque de las generaciones en las empresas

Dr. Gerardo Araya Naranjo

Acerca del autor

El Dr. Araya estudió Administración de Empresas en el Instituto Tecnológico de Costa Rica, obteniendo el grado de bachiller universitario. Posteriormente obtuvo una licenciatura en Administración con énfasis en Finanzas en la Universidad Nacional de Costa. Luego se graduó de MBA en la Universidad Fundepos Alma Máter en Dirección de Negocios con mención en mercadeo y obtuvo un doctorado en Ciencias de la Administración en la Universidad Estatal a Distancia de Costa Rica (UNED) en 2021.

Su práctica profesional, mayoritariamente la ha desarrollado en una Cooperativa de Distribución Eléctrica en Costa Rica, primeramente en la jefatura del departamento financiero, luego en la gerencia financiera administrativa y hace 14 años en la subgerencia general.

También ha sido profesor universitario desde 1999 en la Universidad Nacional de Costa Rica, en la Universidad Latina de Costa Rica, la Universidad de San José de Costa Rica y la Universidad Autónoma de Centroamérica en cursos como administración, matemáticas financieras, finanzas y gerencia.

Contenido

El choque de las generaciones en las empresas
Introducción

En un mundo laboral que se transforma a velocidad vertiginosa, las empresas se enfrentan a un fenómeno tan antiguo como la humanidad misma, pero que hoy cobra una relevancia sin precedentes: el choque generacional. Este libro, "El choque de las generaciones en las empresas", se adentra en las profundidades de este fenómeno, explorando cómo las distintas generaciones —Baby Boomers, Generación X, Millennials y Generación Z— coexisten, colisionan y colaboran dentro del ecosistema empresarial.

La premisa es simple pero profunda: cada generación trae consigo un conjunto único de valores, actitudes, habilidades y expectativas que, al encontrarse en el lugar de trabajo, pueden crear sinergias poderosas o conflictos desafiantes. A través de estas páginas, desentrañaremos cómo estas diferencias generacionales influyen en la dinámica de poder, la comunicación, el liderazgo y la innovación dentro de las organizaciones.

Le invitamos a sumergirse en un viaje a través de las narrativas, las estrategias y las soluciones para gestionar la diversidad generacional. Con un enfoque que combina la teoría con estudios de caso prácticos, análisis exhaustivos y recomendaciones accionables, este libro se propone ser una guía indispensable para líderes, gerentes, y cualquier profesional que busque entender y capitalizar la riqueza que reside en la diversidad de edades.

"El choque de las generaciones en las empresas" no es solo un compendio de teorías; es un manual práctico que prepara a las organizaciones para el futuro del trabajo. En estas páginas, encontrará las claves para construir puentes entre generaciones, forjar equipos más resilientes y dinámicos, y transformar el choque generacional de un desafío en una ventaja competitiva.

Prepárese para desvelar los secretos de una gestión generacional efectiva que no solo mejore el clima laboral, sino que también impulse la innovación y el rendimiento en su organización. Bienvenido al apasionante mundo de "El choque de las generaciones en las empresas".

Presentación

En un mundo laboral cada vez más diverso y dinámico, las organizaciones enfrentan un desafío singularmente complejo pero fascinante: la convivencia y colaboración entre distintas generaciones. "El choque de las generaciones en las empresas" es más que un fenómeno; es una realidad palpable que, gestionada adecuadamente, puede convertirse en una fuente inagotable de innovación y crecimiento.

Este libro se adentra en el corazón de las empresas contemporáneas, donde las narrativas de Baby Boomers, Generación X, Millennials y Generación Z se entrecruzan, a veces chocan, pero siempre tienen el potencial de enriquecerse mutuamente. A través de estas páginas, exploraremos las características, motivaciones y desafíos únicos que cada generación aporta al entorno laboral, y cómo estos elementos pueden fusionarse para crear un ecosistema empresarial vigoroso y resiliente.

La presente obra no solo busca identificar y comprender las fricciones que pueden surgir de este choque generacional; también se propone ofrecer estrategias concretas y efectivas para líderes y equipos que aspiran a transformar estos retos en oportunidades. Al sumergirnos en estudios de caso, experiencias reales y teorías de gestión innovadoras, trazaremos un camino hacia la integración generacional que favorece la cohesión, el respeto y, sobre todo, el éxito colectivo.

"El choque de las generaciones en las empresas" está escrito para quienes lideran, para aquellos que forman parte de equipos multigeneracionales y para todos los que se interesan por el futuro del trabajo. Con un enfoque práctico y analítico, este libro es una herramienta esencial para navegar con éxito las corrientes cambiantes del mundo laboral actual y aprovechar la riqueza que reside en la diversidad generacional.

Bienvenidos a un viaje de descubrimiento, entendimiento y transformación, donde aprenderemos no solo a gestionar el choque de las generaciones en las empresas, sino también a celebrarlo como una fuente de fortaleza y renovación organizacional.

Importancia del choque generacional en el entorno laboral

Introducción al tema

El choque generacional en el lugar de trabajo es más que un mero desencuentro entre edades; refleja la evolución de las expectativas, valores y comportamientos en el contexto laboral. A medida que las organizaciones se vuelven más diversas en términos de edad, entender estos choques no es solo una cuestión de armonía interna, sino también un imperativo estratégico para el éxito empresarial.

Cambio demográfico y su impacto en las organizaciones

El envejecimiento de la población y la entrada de generaciones más jóvenes en el mercado laboral han transformado la dinámica organizacional. Según estudios recientes, las diferencias generacionales afectan a la comunicación, las expectativas laborales, la adopción de tecnología y los métodos de liderazgo en las empresas (Rodríguez Páez & Morales Herrera, 2024).

Una perspectiva de las diferentes generaciones se puede visualizar en el cuadro siguiente tomado de Rodríguez Paéz y Morales Herrera (2024) donde los rasgos generacionales, la motivación y el trabajo difiere en gran medida en las generaciones Baby boomers, Generación x, Millennials y Centennials como se les ha clasificado en diversa literatura.

Perspectiva	Baby boomers	Generación X	Millennials	Centennials
Rasgos generacionales	Autosuficientes, independientes e interesados en riquezas materiales (Seaton y Boyd, 2007)	Independientes e individualistas, el dinero es sumamente importante (Maldonado & Osio, 2018).	Multitareas, visión global, dinámicos, comunicadores y emprendedores (Urdaneta, 2015)	Facilidad para expresarse, nativos digitales, respeto a la diversidad de opinión y los estilos de vida (Universidad de Palermo, 2016)
Motivación	Son motivados por el poder y altos niveles de desarrollo (Cervetti, 2014)	Valoran la búsqueda del balance entre trabajo y la vida (Bridgers & Johnson, 2006)	Demandan balance entre trabajo y su auto interés, sacrifican ganancias financieras vs cosas significativas (Seaton & Boyd, 2007)	Son autónomos, implementan modelos de trabajo más colaborativos y horizontales (Universidad de Palermo, 2016)
Trabajo	Trabajan en entornos jerárquicos y competitivos, bajo presión, dispuestos a sacrificar la familia por el trabajo (Lasheras & Jimenez, 2012. Bridgers & Johnson, 2006)	Buscan equilibrio entre la vida personal y laboral y se esfuerzan por alcanzar sus metas (Smola & Sutton, 2002)	Se centran en la libertad para la toma de decisiones, desarrollo y aprendizaje organizacional (Lombardía, Stein & Pin, 2008)	Adaptabilidad a entornos laborales emergentes (Ortega & Vilanova, 2016)

Conocer de los rasgos, la motivación y la perspectiva que estas diferentes generaciones tienen también del trabajo es importante para el liderazgo en las empresas, por cuanto hay connotaciones y aspectos diferentes de valoración en la toma de deciones, los motivos que impulsa o no los objetivos personales y organizacionales, los valores y los retos.

Diversidad generacional y rendimiento organizacional

La diversidad generacional, cuando se gestiona adecuadamente, puede conducir a un mejor rendimiento organizacional. Investigaciones han mostrado que equipos multigeneracionales pueden fomentar la creatividad y la innovación, al combinar distintas habilidades, experiencias y perspectivas (Moreno Carrillo, 2022).

Según Moreno Carrillo (2022), en la actualidad, la productividad de las organizaciones depende de múltiples variables, incluidas la brecha generacional y la diversidad existente entre sus empleados, ya que estas pueden representarse como contratiempos si no se gestionan de manera eficiente, pues entre las generaciones existen distintas perspectivas respecto a la comunicación, métodos, procesos, capacitación, motivación e incentivos.

Cada generación prefiere destacar los aspectos negativos de las otras generaciones, en lugar de buscar relaciones y puntos de encuentro, lo que en diversos escenarios puede resultar en un conflicto de intereses. Las organizaciones contemporáneas deben aplicar estrategias que promuevan la coexistencia entre las generaciones de manera que existan mejores ambientes de trabajo e intercambio de habilidades y conocimientos en beneficio a la productividad y eficiencia operativa de la empresa.

Una de las problemáticas evidentes en las organizaciones, es que los más jóvenes no valoran las habilidades y capacidades de sus compañeros con más experiencia, en cambio, el personal de mayor edad tiende a menospreciar las capacidades de sus semejantes de menor edad. La relación de generaciones más notoria en el sector empresarial se relaciona con los avances tecnológicos, pues las generaciones más longevas optan por solicitar el apoyo de personas de un rango de edad menor. Los millennials en diversos casos adquieren conocimientos de personas con mayor experiencia, pues ayuda a que no se cometan errores innecesarios y brinda un margen de acción ante posibles situaciones contingentes relacionadas con los procesos y operaciones a realizar. La evolución de los mercados exige a las empresas adaptarse a los cambios, de manera que las estructuras de trabajo deben ser modificadas en pro de abastecer las necesidades surgentes. En pocas palabras, los equipos son conjuntos de personas con distintas habilidades laborando colectivamente para la consecución de un objetivo.

Los equipos de trabajo pueden incluir personal de edades con variación de edades, los cuales pueden funcionar de una manera efectiva si se aprovechan las habilidades de cada uno de los miembros, además de buscar una comunicación asertiva. La justificación de la presente investigación proviene desde la idea de evaluar los conflictos que existen en el sector empresarial con respecto a la diversidad generacional, se pretende encontrar los factores que puedan brindar soluciones para una gestión estratégica de los equipos intergeneracionales, evaluar las características y papel de las generaciones en las organizaciones, así como las oportunidades y beneficios que el trabajo colectivo puede traer (Moreno Carrillo, 2022).

Sensibilizar sobre el aprovechamiento que se puede tener de las diferentes habilidades, experiencias, conocimiento y madurez de las generaciones que interactúan dentro de las empresas, permite dimensionar un manejo estratégico interesante para la competitividad y el buen clima organizacional, valorando las bondades que cada una aporta a la integridad en los equipos de trabajo y en la productividad empresarial.

Desafíos en la gestión de la diversidad generacional

Los desafíos asociados al choque generacional incluyen malentendidos, conflictos y una menor cohesión de equipo. Para abordar estos desafíos, las organizaciones deben desarrollar estrategias de gestión efectivas que promuevan la inclusión y el respeto mutuo.

Entre los principales desafíos que se hace necesario gestionar están:

Comunicación entre generaciones

Uno de los desafíos más significativos es la comunicación efectiva entre generaciones. Las diferencias en estilos y preferencias comunicativas pueden llevar a malentendidos y conflictos. Los Baby Boomers y la Generación X, por ejemplo, pueden preferir comunicaciones directas y en persona, mientras que los Millennials y la Generación Z tienden a favorecer interacciones digitales y plataformas de comunicación en línea. Estas diferencias requieren que las organizaciones adopten enfoques de comunicación multifacéticos que sean inclusivos para todos.

Expectativas laborales y ética de trabajo

Las variadas expectativas laborales y percepciones sobre la ética de trabajo también representan un desafío. Las generaciones más jóvenes, como los Millennials y la Generación Z, a menudo buscan flexibilidad, oportunidades de desarrollo y un equilibrio entre la vida laboral y personal, mientras que las generaciones anteriores pueden valorar la estabilidad, la lealtad a la empresa y un enfoque más tradicional de la carrera profesional. Estas diferencias pueden llevar a tensiones y juicios erróneos sobre la motivación y el compromiso de los empleados de diferentes edades.

Adaptación tecnológica

La adaptación a las nuevas tecnologías es otro campo minado generacional. Aunque las generaciones más jóvenes se adaptan rápidamente a las nuevas herramientas y plataformas digitales, los trabajadores de generaciones anteriores pueden enfrentar desafíos para mantenerse al día con la rápida evolución tecnológica. Esto puede afectar la eficiencia y la dinámica de equipo, especialmente en entornos de trabajo que dependen de tecnologías avanzadas.

Gestión de expectativas y liderazgo

El liderazgo y la gestión de expectativas en un entorno generacionalmente diverso es un desafío crítico. Los líderes deben ser capaces de motivar y dirigir equipos compuestos por miembros de diferentes generaciones, cada uno con sus propios valores, aspiraciones y necesidades. Crear una cultura inclusiva que valore la contribución de cada generación, fomente el respeto mutuo y aborde las diferencias de manera constructiva es fundamental para el éxito organizacional.

Estrategias de retención y desarrollo

Finalmente, desarrollar estrategias de retención y desarrollo que satisfagan las necesidades de las diversas generaciones puede ser complicado. Lo que motiva y retiene a un empleado de la Generación Z puede ser muy diferente de lo que retiene a un Baby Boomer. Las organizaciones necesitan desarrollar programas de beneficios, oportunidades de desarrollo y trayectorias profesionales que atraigan y retengan a empleados de todas las edades.

En conclusión, la gestión efectiva de la diversidad generacional implica reconocer y abordar estos desafíos a través de políticas, prácticas y culturas organizacionales que promuevan la inclusión, el respeto y la colaboración entre las generaciones. Al hacerlo, las empresas pueden aprovechar la riqueza de perspectivas y experiencias que cada generación aporta al lugar de trabajo.

Estrategias para la gestión efectiva del choque generacional

La capacitación en diversidad, el desarrollo de políticas inclusivas, y la adaptación de estilos de liderazgo son algunas de las estrategias recomendadas para gestionar el choque generacional. Estudios han destacado la importancia de la flexibilidad y la comunicación abierta para integrar con éxito las diferencias generacionales en el lugar de trabajo (Goleman, 2023).

El choque generacional en las empresas no solo es un reto, sino también una oportunidad para fomentar un entorno de trabajo más dinámico y competitivo. Reconocer y valorar las diferencias generacionales puede ser un catalizador para la innovación y el crecimiento organizacional.

Capítulo I: Entendiendo las generaciones

Introducción al concepto de generaciones

Cada generación se define por un rango específico de años de nacimiento, compartiendo experiencias vitales que moldean sus actitudes, comportamientos y expectativas. Estas experiencias colectivas, como acontecimientos históricos, avances tecnológicos y cambios culturales, influyen significativamente en cómo cada generación se comporta en el lugar de trabajo. Comprender estas diferencias es esencial para gestionar la diversidad generacional de manera efectiva.

Baby Boomers (nacidos entre 1946 y 1964)

Caracterizados por su ética de trabajo, lealtad y enfoque en la estabilidad laboral, los Baby Boomers vivieron en una era de posguerra significativa, lo que fomentó en ellos una mentalidad de trabajo arduo y dedicación. Esta generación valora las relaciones interpersonales, prefiere la comunicación cara a cara y tiende a respetar las jerarquías organizacionales.

Generación X (nacidos entre 1965 y 1980)

La Generación X creció durante períodos de cambio económico y social, incluidas la recesión y la era de la tecnología emergente. Como resultado, valoran la independencia, la adaptabilidad y el equilibrio entre la vida laboral y personal. Son menos formales en su enfoque de la comunicación que los Baby Boomers y son considerados como el puente entre las generaciones más antiguas y más jóvenes en el lugar de trabajo.

Millennials (nacidos entre 1981 y 1996)

Los Millennials, también conocidos como Generación Y, se caracterizan por su familiaridad con la tecnología, sus valores de equidad y diversidad, y su enfoque en la búsqueda de propósito y satisfacción en su trabajo. Crecieron durante la expansión de Internet y son adeptos a las comunicaciones digitales. Valoran la flexibilidad, el desarrollo profesional y el feedback regular.

Generación Z (nacidos entre 1997 y 2012)

La más joven de las generaciones en el lugar de trabajo, la Generación Z, ha estado expuesta a la tecnología, las redes sociales y la globalización desde una edad temprana. Priorizan la innovación, la autenticidad y la responsabilidad social. Esta generación prefiere una comunicación rápida y efectiva, valoran la autonomía, pero también buscan estabilidad y seguridad en sus roles laborales.

Comportamientos en el Trabajo de Diferentes Generaciones

Algunos comportamientos específicos en el entorno laboral que cada generación tiende a manifestar en el trabajo y cómo esto impacta en las dinámicas organizacionales, se describen a continuación.

Baby Boomers

Ética de Trabajo: Los Baby Boomers son conocidos por su fuerte ética de trabajo. Son diligentes, comprometidos y tienden a medir el éxito por la dedicación y las horas invertidas en el trabajo.

Colaboración y Competencia: A menudo prefieren estructuras jerárquicas claras y están acostumbrados a competir por ascensos y reconocimiento, valorando la lealtad y la antigüedad en la empresa.

Adaptación Tecnológica: Pueden ser menos nativos digitales que las generaciones posteriores, pero muchos han adaptado sus habilidades para mantenerse relevantes en el entorno tecnológico actual.

Comunicación: Favorecen la comunicación cara a cara o telefónica y pueden ser más formales en sus interacciones profesionales.

Generación X

Independencia en el Trabajo: Valoran la autonomía y tienden a ser auto suficientes en el trabajo. Prefieren un enfoque práctico y resultan ser excelentes solucionadores de problemas.

Equilibrio Trabajo-Vida: Fueron los pioneros en valorar el equilibrio entre la vida laboral y personal, lo que les lleva a apreciar la flexibilidad en el horario y el lugar de trabajo.

Perspectiva Pragmática: Son vistos como el puente entre los Baby Boomers y las generaciones más jóvenes, capaces de entender ambas perspectivas y actuar como mediadores.

Uso de la Tecnología: Aunque no crecieron totalmente inmersos en la tecnología digital, se adaptan bien a ella y pueden usarla efectivamente para fines laborales.

Millennials

Búsqueda de Propósito y Desarrollo: Los Millennials quieren que su trabajo tenga un propósito y contribuya positivamente a la sociedad. Valoran las oportunidades de aprendizaje y crecimiento profesional.

Preferencias de Comunicación: Se inclinan por la comunicación digital rápida, como los correos electrónicos, mensajería instantánea y redes sociales. Son menos formales en sus intercambios y valoran la retroalimentación continua.

Trabajo en Equipo y Colaboración: Tienden a preferir trabajar en equipos colaborativos y ambientes laborales inclusivos y diversos.

Adaptabilidad: Son adaptables y están abiertos al cambio, especialmente si creen que llevará a mejoras en el ambiente laboral o en la eficiencia del trabajo.

Generación Z

Digitalmente Nativos: Habituados a un mundo conectado, los miembros de la Generación Z son expertos en tecnología y esperan que sus lugares de trabajo estén a la vanguardia tecnológica.

Valores y Ética: Priorizan el trabajo en empresas que reflejen sus valores personales, enfocándose en la sostenibilidad, la equidad y la responsabilidad social corporativa.

Aspiración a la Seguridad: A diferencia de los Millennials, la Generación Z muestra una mayor inclinación hacia la seguridad laboral y financiera, posiblemente debido a crecer durante recesiones económicas y pandemias globales.

Estilo de Aprendizaje Visual y Rápido: Prefieren métodos de aprendizaje rápidos y visuales, y valoran la autonomía en el trabajo, aunque con claras estructuras de soporte y orientación.

Impacto en el Entorno Laboral

Los comportamientos generacionales en el trabajo influyen significativamente en la cultura, la productividad y la armonía dentro de las organizaciones. Entender estos comportamientos es crucial para diseñar estrategias de gestión que aprovechen las fortalezas de cada generación, fomenten la colaboración y minimicen los conflictos.

Incorporar estos comportamientos en el análisis de las generaciones en el Capítulo I brinda a los lectores una comprensión profunda de cómo las características generacionales se manifiestan en comportamientos laborales concretos, sentando las bases para explorar cómo gestionar estas diferencias en los siguientes capítulos del libro.

Diferencias clave y puntos de encuentro

Mientras que las diferencias generacionales pueden ser significativas, también hay puntos en común que pueden servir como base para la colaboración y el entendimiento mutuo. Por ejemplo, todas las generaciones valoran el respeto, aunque pueden interpretarlo de diferentes maneras, y todas buscan un sentido de propósito y logro en su trabajo, aunque lo que constituye "propósito" y "logro" puede variar.

Entender las generaciones implica más que reconocer las diferencias entre grupos de edad. Es un ejercicio de empatía y comunicación que requiere adaptabilidad y voluntad para ver más allá de las propias experiencias y valores. Al profundizar en las características, motivaciones y expectativas de cada generación, las organizaciones pueden crear entornos de trabajo más inclusivos y productivos que respeten y aprovechen la diversidad generacional.

Este capítulo sienta las bases para una exploración más profunda de cómo estas diferencias generacionales interactúan y afectan el entorno laboral, tema que se desarrollará en los capítulos siguientes del libro.

Capítulo II: El choque generacional

Introducción al choque generacional

El choque generacional en el entorno laboral se refiere a las tensiones, malentendidos y conflictos que surgen cuando diferentes generaciones interactúan en el lugar de trabajo. Estas discrepancias se deben a diferencias en valores, estilos de comunicación, expectativas laborales y enfoques hacia la tecnología y el cambio. Este capítulo explorará las dimensiones de este choque, examinando sus causas, manifestaciones y efectos en el ambiente laboral.

Raíces del choque generacional

Las raíces del choque generacional se encuentran en las distintas experiencias de vida, hitos culturales y tecnológicos que cada generación ha enfrentado. Por ejemplo, mientras que los Baby Boomers pueden valorar la estabilidad y la acumulación a largo plazo de conocimiento y experiencia, los Millennials y la Generación Z pueden buscar cambio, innovación y gratificación instantánea. Estas diferencias fundamentales pueden resultar en percepciones y expectativas divergentes en el trabajo.

Manifestaciones del choque generacional

El choque generacional se manifiesta de varias maneras, incluyendo:

Diferencias en la comunicación y el uso de la tecnología: Las generaciones más jóvenes, acostumbradas a la comunicación instantánea y digital, pueden encontrar los métodos tradicionales de comunicación de los Baby Boomers o la Generación X como lentos o anticuados.

Discrepancias en los valores y la motivación laboral: Mientras que para algunas generaciones anteriores el éxito laboral puede estar ligado a la jerarquía y la longevidad en una empresa, las generaciones más jóvenes pueden valorar más la flexibilidad, el propósito y las oportunidades de desarrollo personal y profesional.

Conflictos sobre expectativas laborales y gestión del cambio: La resistencia al cambio de las generaciones más antiguas puede chocar con el impulso innovador y el deseo de cambio rápido de las generaciones más jóvenes.

Impacto en el entorno laboral

El choque generacional puede tener efectos significativos en el ambiente laboral, incluyendo:

Disminución de la cohesión del equipo: Las diferencias no resueltas pueden llevar a la formación de subgrupos y a la disminución de la colaboración.

Conflictos y tensiones interpersonales: Las diferencias en los estilos de trabajo y comunicación pueden generar malentendidos y conflictos.

Desafíos en la gestión y liderazgo: Los líderes pueden enfrentarse a desafíos al intentar gestionar equipos multigeneracionales, especialmente si carecen de comprensión o habilidades para mediar en las diferencias generacionales.

Ejemplos de Conflictos y Puntos de Fricción

Uso de Tecnología

Conflicto: Un empleado de la Generación X se frustra con su colega Millennial por usar constantemente mensajería instantánea y aplicaciones colaborativas para comunicarse, prefiriendo en cambio reuniones presenciales o llamadas telefónicas.

Punto de fricción: La percepción de que la Generación X es reticente a adoptar nuevas tecnologías puede crear tensiones con los Millennials, que valoran la eficiencia y rapidez de las herramientas digitales.

Estilo de Trabajo y Gestión del Tiempo

Conflicto: Un Baby Boomer se molesta porque un compañero de la Generación Z insiste en tener horarios de trabajo flexibles y la opción de trabajar desde casa, lo que para el Baby Boomer parece una falta de compromiso laboral.

Punto de fricción: La preferencia de los trabajadores más jóvenes por la flexibilidad y el trabajo remoto choca con la ética de trabajo más tradicional de los Baby Boomers, quienes valoran la presencia en la oficina como indicativo de dedicación y esfuerzo.

Expectativas de Progreso y Reconocimiento

Conflicto: Un gerente de la Generación X se siente frustrado con sus empleados Millennials que esperan promociones rápidas y reconocimiento constante, sin considerar la antigüedad o experiencia como factores clave.

Punto de fricción: Los Millennials y la Generación Z pueden percibir las estructuras tradicionales de promoción y reconocimiento como obsoletas, prefiriendo un enfoque más basado en el rendimiento y la contribución, lo que puede causar tensiones con las generaciones mayores.

Comunicación y Feedback

Conflicto: Un empleado Millennial se siente insatisfecho y subvalorado debido a la falta de feedback regular y constructivo, mientras que su supervisor de la Generación X considera que el feedback debe darse solo durante las evaluaciones anuales de desempeño.

Punto de fricción: La demanda de feedback continuo y en tiempo real de los Millennials y la Generación Z puede percibirse como necesidad de atención constante o falta de independencia por parte de las generaciones mayores, generando malentendidos y resentimientos.

Valores y Objetivos Organizacionales

Conflicto: Un líder Baby Boomer prioriza las ganancias y el crecimiento empresarial a largo plazo, mientras que sus empleados Millennials y de la Generación Z abogan por la sostenibilidad, la responsabilidad social y el impacto positivo en la comunidad.

Punto de fricción: La diferencia en la priorización entre la rentabilidad y la responsabilidad social puede llevar a conflictos sobre la dirección y los valores de la empresa, afectando la moral y el compromiso del equipo.

Incluir estos ejemplos en el capítulo sobre el choque generacional ayuda a concretar los conceptos discutidos y a ofrecer una perspectiva práctica sobre cómo estos conflictos y puntos de fricción se manifiestan en el entorno laboral, proporcionando una base sólida para explorar estrategias de resolución y gestión.

Abordando el choque generacional

Para gestionar efectivamente el choque generacional, las organizaciones y líderes deben adoptar estrategias como:

Fomentar la comunicación abierta y efectiva: Crear espacios donde los colaboradores de diferentes generaciones puedan expresar sus opiniones y preocupaciones de manera respetuosa y constructiva.

Capacitación en diversidad e inclusión: Desarrollar programas de capacitación que aborden específicamente las diferencias generacionales y cómo gestionarlas.

Adaptar estilos de liderazgo: Los líderes deben ser flexibles en sus estilos de liderazgo para satisfacer las necesidades de diferentes generaciones.

Promover el mentorazgo cruzado y la colaboración: Fomentar relaciones de mentorazgo entre generaciones y proyectos colaborativos que permitan a los colaboradores de diferentes edades aprender unos de otros.

El choque generacional presenta tanto desafíos como oportunidades. Al entender y abordar proactivamente las diferencias generacionales, las organizaciones pueden transformar potenciales conflictos en colaboraciones productivas y enriquecedoras. Este enfoque no solo mejora la atmósfera laboral, sino que también contribuye a la innovación, al crecimiento personal y profesional de los empleados, y al éxito general de la empresa.

Capítulo III: La Comunicación Intergeneracional

Introducción a la Comunicación Intergeneracional

La comunicación intergeneracional en el lugar de trabajo es el proceso mediante el cual miembros de diferentes generaciones intercambian información, ideas y valores. Este capítulo explora cómo las diferencias generacionales afectan las formas de comunicación y propone estrategias para mejorar la interacción entre distintas cohortes de edad.

Entendiendo las Barreras Comunicativas

Las barreras comunicativas entre generaciones surgen debido a distintas preferencias y estilos de comunicación. Mientras los Baby Boomers y la Generación X pueden preferir reuniones formales y comunicación directa, los Millennials y la Generación Z tienden a favorecer interacciones más rápidas y digitales. Comprender estas diferencias es fundamental para fomentar una comunicación efectiva.

Estilos de Comunicación por Generación

Baby Boomers: Prefieren comunicaciones cara a cara o llamadas telefónicas y valoran la formalidad y la estructura en los intercambios profesionales.

Generación X: Son flexibles en su comunicación, adaptándose a métodos tanto tradicionales como digitales, pero con una preferencia por la eficiencia y la claridad.

Millennials: Dominan la comunicación digital y social, prefiriendo el correo electrónico, mensajería instantánea y plataformas colaborativas en línea.

Generación Z: Son adeptos a la comunicación visual y rápida, utilizando aplicaciones de mensajería, redes sociales y otras herramientas digitales para intercambiar información de manera efectiva.

Estrategias para Mejorar la Comunicación Intergeneracional

Capacitación y Sensibilización: Implementar programas de capacitación que eduquen a los colaboradores sobre las diferencias generacionales y cómo estas influyen en las preferencias comunicativas.

Herramientas de Comunicación Multimodal: Adoptar una variedad de herramientas de comunicación que se ajusten a las preferencias de cada generación, desde correo electrónico y mensajería instantánea hasta reuniones en persona y llamadas telefónicas.

Fomentar el Respeto y la Empatía: Crear una cultura organizacional que valore la diversidad y fomente el respeto mutuo y la empatía entre generaciones.

Promover la Colaboración: Incentivar proyectos y equipos de trabajo que integren a miembros de diferentes generaciones, facilitando así el intercambio de ideas y el aprendizaje mutuo.

Feedback Regular y Bidireccional: Establecer canales de feedback que permitan a todos los empleados expresar sus ideas y preocupaciones, aprendiendo los unos de los otros.

Superando los Desafíos Comunicativos

Para superar los desafíos comunicativos intergeneracionales, las organizaciones deben reconocer y abordar proactivamente los prejuicios y las suposiciones que impiden la comunicación efectiva. Es crucial promover un entendimiento más profundo de las necesidades y expectativas comunicativas de cada generación.

Una comunicación intergeneracional efectiva es clave para el éxito de cualquier organización. Al entender y abordar las diferencias en los estilos de comunicación de cada generación, las empresas pueden mejorar la colaboración, aumentar la satisfacción laboral y fomentar un entorno de trabajo más armonioso y productivo. Este capítulo proporciona las herramientas y conocimientos necesarios para construir puentes comunicativos entre generaciones, convirtiendo la diversidad generacional en una fortaleza organizativa.

Para ilustrar los conceptos discutidos en el capítulo sobre la comunicación intergeneracional, aquí presento algunos casos de estudio y ejemplos prácticos que pueden ser incorporados:

Caso de Estudio 1: La Fusión de Estilos en XYZ Corporation

Contexto: XYZ Corporation, una empresa global en el sector de tecnología, enfrentaba desafíos de comunicación entre sus empleados de diferentes generaciones, especialmente entre los Baby Boomers en posiciones de liderazgo y los Millennials en roles técnicos.

Problema: Los Baby Boomers preferían reuniones formales y reportes detallados, mientras que los Millennials encontraban este enfoque lento e ineficiente, prefiriendo la comunicación digital y rápida.

Solución: La empresa implementó una serie de talleres de comunicación intergeneracional, donde se abordaron las preferencias de cada generación. Se introdujo un sistema de comunicación híbrido que combinaba herramientas digitales con reuniones regulares cara a cara, adaptándose así a las necesidades de todos los empleados.

Resultado: La adopción de un enfoque de comunicación multimodal condujo a un aumento en la eficiencia y la satisfacción laboral, con una mejor colaboración entre las generaciones.

Ejemplo Práctico 2: Mentoría Cruzada en ABC Tech

Contexto: ABC Tech notó que la brecha generacional estaba afectando la transferencia de conocimientos y la colaboración en su departamento de I+D.

Problema: Los empleados de la Generación X y los Baby Boomers poseían un profundo conocimiento técnico, pero enfrentaban dificultades para adoptar nuevas herramientas digitales. Los Millennials y la Generación Z, por otro lado, eran tecnológicamente adeptos pero carecían de cierta experiencia sectorial.

Solución: Se introdujo un programa de mentoría cruzada, donde los empleados más jóvenes compartían su conocimiento en tecnologías emergentes, mientras que los empleados más experimentados proporcionaban orientación sobre conocimientos técnicos y perspectiva histórica del sector.

Resultado: El programa no solo mejoró la competencia técnica y digital en todos los niveles, sino que también fomentó el respeto mutuo y la apreciación de las fortalezas únicas de cada generación.

Caso de Estudio 3: Iniciativa de Comunicación en HealthCare Inc.

Contexto: HealthCare Inc. enfrentaba retos en la comunicación interna debido a las diferencias generacionales, lo que afectaba la coordinación en la prestación de servicios de atención médica.

Problema: Los profesionales de salud más veteranos valoraban las jerarquías y las comunicaciones formales, mientras que el personal más joven buscaba un enfoque más colaborativo y transparente.

Solución: La empresa implementó una plataforma colaborativa en línea que permitía una comunicación más fluida y transparente entre todos los niveles de la organización. Además, se organizaron sesiones regulares de brainstorming y feedback que animaban a todos los empleados a compartir ideas y sugerencias.

Resultado: La mejora en la comunicación intergeneracional condujo a una mayor eficiencia en los servicios de atención al paciente y una mejor adaptación a los cambios rápidos en el sector de la salud.

Estos casos de estudio y ejemplos prácticos demuestran cómo las organizaciones pueden abordar con éxito los desafíos de la comunicación intergeneracional, adoptando estrategias que reconocen y valoran las diferencias generacionales, mejorando así la colaboración, la productividad y la satisfacción en el lugar de trabajo.

Capítulo IV: Liderazgo y Gestión Intergeneracional

Introducción al Liderazgo Intergeneracional

El liderazgo y la gestión intergeneracional abordan cómo liderar eficazmente equipos compuestos por individuos de diferentes generaciones. Este capítulo explora las competencias clave para líderes y gestores en la creación de un entorno laboral inclusivo y productivo, respetando las diferencias generacionales y fomentando la colaboración.

Comprender las Expectativas Generacionales

El primer paso hacia un liderazgo efectivo intergeneracional es comprender las expectativas y motivaciones únicas de cada generación:

Baby Boomers: Valorizan el reconocimiento de su experiencia y aprecian un liderazgo que respeta la jerarquía y la tradición.

Generación X: Prefieren un estilo de liderazgo que promueva la autonomía y ofrezca un equilibrio entre la vida laboral y personal.

Millennials: Buscan líderes que sean mentores y facilitadores, ofreciendo retroalimentación constante y oportunidades de desarrollo.

Generación Z: Desean estabilidad y seguridad, así como un liderazgo transparente y auténtico que los involucre en la toma de decisiones.

Estrategias de Liderazgo Efectivo

Comunicación Adaptativa: Desarrollar habilidades de comunicación que resonen con cada generación, utilizando diversos canales y estilos para asegurar que el mensaje sea claro y efectivo para todos.

Mentoría y Desarrollo: Implementar programas de mentoría que faciliten el intercambio de conocimientos y experiencias entre generaciones, promoviendo el desarrollo profesional continuo.

Flexibilidad y Adaptabilidad: Ser flexible en las políticas y prácticas para acomodar las diversas necesidades y preferencias laborales, adaptándose a los cambios rápidos del entorno empresarial.

Fomento de la Colaboración Intergeneracional: Crear equipos de trabajo mixtos que permitan a los empleados de diferentes edades aprender unos de otros, valorando la diversidad de perspectivas.

Reconocimiento y Motivación: Diseñar sistemas de reconocimiento que atiendan a las diferentes formas en que cada generación percibe el éxito y la recompensa.

Superar los Desafíos de la Gestión Intergeneracional

Los líderes deben estar preparados para enfrentar y superar desafíos como los prejuicios generacionales, las diferencias en el estilo de trabajo y la resistencia al cambio. Esto implica promover una cultura organizacional que valore la inclusión y la equidad, y que esté preparada para adaptarse a las necesidades cambiantes de un personal diverso.

Casos de Éxito en Liderazgo Intergeneracional

Presentar casos de éxito donde el liderazgo intergeneracional haya resultado en mejoras significativas en la productividad, la innovación y la satisfacción del empleado, proporcionando así ejemplos prácticos y modelos a seguir.

Para ilustrar cómo el liderazgo intergeneracional puede ser exitoso en práctica, aquí se desarrollan algunos casos de éxito:

Caso de Éxito 1: Integración Generacional en Tech Innovate Inc.

Contexto: Tech Innovate Inc., una empresa emergente en el sector tecnológico, enfrentaba desafíos para integrar efectivamente a empleados de cuatro generaciones distintas, lo que afectaba la colaboración y la innovación.

Estrategia de Liderazgo: La dirección implementó un programa de liderazgo intergeneracional que incluía talleres, sesiones de mentoría cruzada y equipos de proyecto multigeneracionales para fomentar la colaboración y el intercambio de conocimientos.

Resultado: La iniciativa llevó a una mejora significativa en la comunicación y colaboración entre las generaciones, con un aumento en la innovación de productos y la satisfacción de los empleados. Tech Innovate Inc. Logró lanzar con éxito nuevas soluciones tecnológicas al mercado, atribuyendo parte de este éxito a la sinergia generacional fomentada en la empresa.

Caso de Éxito 2: Programa de Liderazgo Rotativo en Global Finance Group

Contexto: Global Finance Group, una corporación multinacional en el sector financiero, observó una desconexión entre sus líderes más experimentados y los empleados más jóvenes, lo que afectaba el desarrollo de talento y la retención de empleados.

Estrategia de Liderazgo: Se introdujo un programa de liderazgo rotativo que permitía a empleados de diferentes generaciones asumir roles de liderazgo temporales en diversos departamentos, fomentando así la empatía y el entendimiento mutuo.

Resultado: El programa no solo mejoró la comunicación y la comprensión entre generaciones, sino que también descubrió y desarrolló talentos emergentes en toda la organización, llevando a una mayor retención de empleados y un banco de talentos más robusto para roles de liderazgo.

Caso de Éxito 3: Estrategia de Liderazgo Inclusivo en HealthWell Enterprises

Contexto: HealthWell Enterprises, una compañía líder en el sector de la salud, enfrentaba retos en la gestión de un equipo intergeneracional diverso, con fricciones especialmente en la adopción de nuevas tecnologías y métodos de trabajo.

Estrategia de Liderazgo: La empresa adoptó una estrategia de liderazgo inclusivo que enfatizaba la formación continua, el desarrollo profesional y la participación activa de empleados de todas las edades en la toma de decisiones estratégicas.

Resultado: La estrategia resultó en una adopción más rápida de nuevas tecnologías, una mayor eficiencia operativa y un aumento en la satisfacción y compromiso de los empleados. HealthWell Enterprises fue reconocida en su industria por su cultura laboral progresiva y su enfoque innovador en la gestión de la diversidad generacional.

Estos casos de éxito demuestran que, con estrategias de liderazgo efectivas y un compromiso con la inclusión generacional, las organizaciones pueden superar los desafíos asociados con el choque generacional, mejorando al mismo tiempo la innovación, la productividad y el clima laboral.

El liderazgo y la gestión intergeneracional efectivos son fundamentales para el éxito en el entorno laboral contemporáneo. Los líderes que comprenden y valoran las diferencias generacionales pueden crear un entorno de trabajo dinámico y colaborativo, donde todos los empleados se sientan valorados y motivados para contribuir al máximo de su potencial. Este capítulo ofrece las herramientas y conocimientos necesarios para navegar la complejidad de liderar equipos multigeneracionales, transformando los desafíos en oportunidades de crecimiento y aprendizaje para toda la organización.

Capítulo V: Adaptación y Cambio en las Empresas

Introducción a la Adaptación Organizacional

El entorno empresarial moderno está marcado por un ritmo acelerado de cambio, impulsado por la globalización, la innovación tecnológica y las fluctuaciones económicas. En este contexto, la adaptación y el cambio en las empresas son cruciales para mantener la competitividad y la relevancia. Este capítulo explora cómo las organizaciones pueden gestionar y aprovechar la diversidad generacional para fomentar la adaptación y el cambio.

Comprender la Dinámica Generacional

Antes de abordar la adaptación y el cambio, es fundamental entender cómo las diferentes generaciones perciben y reaccionan ante estos procesos:

Baby Boomers pueden ver el cambio como disruptivo pero necesario, valorando la estabilidad, pero adaptándose cuando comprenden la necesidad y el contexto.

Generación X tiende a ser escéptica pero pragmática respecto al cambio, valorando la claridad sobre cómo los cambios afectarán su rol y responsabilidades.

Millennials y Generación Z son generalmente más abiertos y receptivos al cambio, especialmente si este conlleva innovación y mejoras en la eficiencia o en el equilibrio entre la vida laboral y personal.

Estrategias para Fomentar la Adaptación y el Cambio

Comunicación Clara y Transparente: Mantener a todos informados sobre la necesidad, el proceso y los beneficios del cambio ayuda a minimizar la resistencia y fomenta la aceptación.

Participación Activa: Involucrar a colaboradores de todas las generaciones en el proceso de cambio, desde la fase de planificación hasta la implementación, asegurando que sus voces sean escuchadas y sus preocupaciones abordadas.

Formación y Desarrollo: Ofrecer oportunidades de formación y desarrollo para equipar a los colaboradores con las habilidades necesarias para navegar los cambios, alineando los programas de formación con las preferencias de aprendizaje de cada generación.

Liderazgo Adaptativo: Desarrollar líderes capaces de gestionar equipos intergeneracionales y guiarlos a través de períodos de cambio, utilizando un enfoque que equilibre la empatía con la decisión.

Fomento de la Cultura de Innovación: Crear un ambiente que valore y recompense la innovación y la experimentación, permitiendo a los colaboradores de todas las edades contribuir con ideas nuevas.

Casos de Éxito en la Adaptación y el Cambio

Se detallan casos de éxito de empresas que han logrado adaptarse exitosamente al cambio aprovechando la diversidad generacional, mostrando cómo las estrategias implementadas llevaron a resultados positivos tanto en la cultura organizacional como en el rendimiento empresarial.

Caso de Éxito 1: Reinventando la Innovación en DigitalGen

Contexto: DigitalGen, una empresa líder en soluciones digitales, enfrentaba desafíos para mantener su posición en el mercado frente a la rápida evolución tecnológica y las cambiantes demandas de los consumidores.

Estrategia de Adaptación: DigitalGen implementó un programa de innovación abierta que incentivaba la colaboración entre el talento humano de todas las generaciones. Utilizando talleres intergeneracionales, la empresa fomentó el intercambio de ideas y experiencias, combinando la experiencia técnica de los Baby Boomers y la Generación X con la agilidad y la perspectiva fresca de los Millennials y la Generación Z.

Resultado: Este enfoque resultó en la creación de productos innovadores y en la adaptación exitosa a las nuevas tendencias del mercado. DigitalGen no solo retuvo su liderazgo en la industria, sino que también mejoró su cultura organizacional, fomentando un espíritu de aprendizaje y adaptación continua.

Caso de Éxito 2: Transformación Cultural en LegacyBank

Contexto: LegacyBank, una institución financiera con más de un siglo de historia, enfrentaba retos para adaptarse a la era digital y satisfacer las expectativas de una clientela más joven y tecnológicamente hábil.

Estrategia de Adaptación: La dirección de LegacyBank lanzó una iniciativa de transformación cultural centrada en la digitalización y en la capacitación intergeneracional. Se priorizó la modernización de sus sistemas y procesos bancarios, junto con programas de mentoría donde los empleados más jóvenes ayudaban a sus colegas mayores a adaptarse a las nuevas tecnologías.

Resultado: La estrategia facilitó una transición exitosa hacia servicios bancarios digitales, mejorando la satisfacción del cliente y la eficiencia operativa. Además, la iniciativa de mentoría mejoró significativamente la cohesión y el ambiente de trabajo en la organización.

Caso de Éxito 3: Sostenibilidad en EcoInnovate

Contexto: EcoInnovate, una empresa emergente en el sector de tecnologías sostenibles buscaba acelerar su crecimiento y aumentar su impacto en el mercado de soluciones ecológicas.

Estrategia de Adaptación: Implementaron un modelo de negocio ágil que integraba equipos intergeneracionales en el desarrollo de nuevos productos. Este modelo estaba centrado en metodologías de trabajo flexibles y colaborativas, con un fuerte énfasis en la sostenibilidad y la responsabilidad social corporativa.

Resultado: EcoInnovate logró un rápido crecimiento, lanzando una serie de productos innovadores que recibieron reconocimiento tanto por su viabilidad comercial como por su impacto ambiental positivo. La colaboración intergeneracional fue clave en la creación de soluciones que resonaron con un amplio espectro de consumidores y partes interesadas.

Estos casos ilustran cómo la adaptación y el cambio, guiados por una comprensión y apreciación de la diversidad generacional, pueden conducir a resultados excepcionales, tanto en términos de innovación y crecimiento empresarial como en la creación de una cultura organizacional más dinámica y resiliente.

Superar Desafíos en la Adaptación y el Cambio

Examinar los desafíos comunes que las empresas enfrentan al adaptarse al cambio, como la resistencia al cambio, la obsolescencia de habilidades y la desalineación entre los objetivos corporativos y las expectativas de los empleados, ofreciendo soluciones basadas en un entendimiento profundo de las dinámicas generacionales.

La capacidad de adaptarse y cambiar es una ventaja competitiva en el entorno empresarial actual. Las empresas que entienden y abrazan la diversidad generacional están mejor equipadas para gestionar el cambio de manera efectiva, creando organizaciones resilientes y preparadas para el futuro. Este capítulo proporciona una guía comprensiva para líderes y gestores sobre cómo aprovechar la diversidad generacional para facilitar la adaptación y el cambio en sus organizaciones.

Capítulo VI: Casos de Éxito y Lecciones Aprendidas

Introducción a los Casos de Éxito

Este capítulo se centra en explorar casos de éxito en la gestión de la diversidad generacional dentro de las empresas, identificando las estrategias clave y las lecciones aprendidas que pueden servir de guía para otras organizaciones.

Caso de Éxito 1: Innovación Multigeneracional en GreenTech Solutions

Contexto: GreenTech Solutions, una empresa líder en soluciones de energía renovable, enfrentaba desafíos de colaboración entre su personal experimentado y los recién llegados jóvenes innovadores.

Estrategia Implementada: Se introdujo un programa de innovación multigeneracional que alentaba la colaboración en proyectos de I+D, combinando la experiencia de los Baby Boomers y la Generación X con la innovación y la agilidad tecnológica de los Millennials y la Generación Z.

Resultado: El programa condujo al desarrollo exitoso de nuevas tecnologías patentadas y un aumento significativo en la cuota de mercado de la empresa.

Lección Aprendida: La fusión de experiencia y nuevas perspectivas puede catalizar la innovación y el éxito comercial.

Caso de Éxito 2: Adaptación Cultural en Global Finance Corp

Contexto: Global Finance Corp, un conglomerado financiero internacional, se enfrentaba a altas tasas de rotación de colaboradores jóvenes y dificultades en la adaptación al cambio organizacional.

Estrategia Implementada: La empresa revisó su cultura corporativa para fomentar un entorno más inclusivo y dinámico, implementando políticas de trabajo flexible, programas de desarrollo de liderazgo joven y foros intergeneracionales.

Resultado: La renovación cultural llevó a una mejora en la retención de talento joven y una mayor adaptabilidad organizacional ante los cambios del mercado.

Lección Aprendida: Una cultura corporativa que refleje y respete las necesidades de todas las generaciones mejora la retención y la resiliencia.

Caso de Éxito 3: Estrategia de Comunicación en HealthCare Innovators

Contexto: HealthCare Innovators, una empresa del sector sanitario enfrentaba conflictos intergeneracionales que afectaban la eficiencia y la moral del equipo.

Estrategia Implementada: Se desarrolló una estrategia de comunicación intergeneracional que incluía formación en herramientas digitales para los empleados mayores y sesiones de sensibilización sobre las habilidades comunicativas para los más jóvenes.

Resultado: La estrategia mejoró la cooperación entre generaciones, optimizando la gestión de proyectos y elevando la satisfacción del personal.

Lección Aprendida: La comunicación efectiva es clave para superar barreras intergeneracionales y mejorar el rendimiento organizacional.

Integración de Tecnología en SilverEdge

Enterprises

Contexto: SilverEdge Enterprises, una firma de consultoría con una fuerza laboral mayoritariamente de la Generación X y Baby Boomers, necesitaba integrar tecnologías avanzadas para seguir siendo competitiva.

Estrategia Implementada: Implementaron programas de mentoría tecnológica, donde los empleados más jóvenes enseñaban a los más experimentados sobre nuevas herramientas digitales.

Resultado: La colaboración mejoró la fluidez tecnológica en toda la empresa y fomentó un ambiente de aprendizaje continuo.

Lección Aprendida: La mentoría cruzada es una herramienta efectiva para mejorar las habilidades tecnológicas y fortalecer las relaciones intergeneracionales.

Los casos de éxito ilustran cómo las organizaciones pueden transformar los desafíos de la diversidad generacional en oportunidades para el crecimiento, la innovación y la mejora continua. Las lecciones aprendidas de estas experiencias proporcionan una hoja de ruta valiosa para las empresas que buscan aprovechar las ventajas de una fuerza laboral multigeneracional. Este capítulo demuestra que, con estrategias adecuadas, la diversidad generacional puede convertirse en un motor clave para el éxito empresarial en un mundo laboral en constante evolución.

Capítulo VII: Preparando el Futuro del Trabajo

Introducción al Futuro del Trabajo

El futuro del trabajo está siendo reconfigurado por avances tecnológicos, cambios demográficos y evoluciones en las expectativas laborales. Este capítulo aborda cómo las empresas pueden prepararse para estos cambios, con un enfoque particular en la gestión de la diversidad generacional y la creación de un entorno laboral inclusivo y adaptable.

Tendencias que Moldean el Futuro del Trabajo

Automatización y Digitalización: La tecnología continúa transformando los roles laborales, lo que requiere una fuerza laboral que sea adaptable y competente en habilidades digitales.

Trabajo Remoto e Híbrido: La pandemia de COVID-19 aceleró la adopción del trabajo remoto, una tendencia que se espera que continúe y evolucione hacia modelos de trabajo híbridos.

Economía Gig y Trabajo Freelance: Un aumento en el trabajo por proyectos y freelance está cambiando la naturaleza de las relaciones laborales y la gestión de equipos.

Sostenibilidad y Responsabilidad Social Corporativa (RSC): Un creciente enfoque en la sostenibilidad y la RSC está influyendo en las decisiones empresariales y en las expectativas de los colaboradores.

Gestionando la Diversidad Generacional

Para prepararse para el futuro, las empresas deben gestionar proactivamente la diversidad generacional:

Fomentar la Aprendizaje Continuo: Crear una cultura de aprendizaje que permita a los colaboradores de todas las edades desarrollar y actualizar sus habilidades, especialmente en áreas digitales y tecnológicas.

Adaptar Políticas Laborales: Desarrollar políticas que apoyen el trabajo flexible, la colaboración a distancia y satisfagan las necesidades de una fuerza laboral diversa.

Promover la Inclusión: Asegurar que todos los colaboradores, independientemente de su edad, se sientan valorados y tengan oportunidades iguales para contribuir y avanzar en la empresa.

Ejemplos Innovadores de Preparación para el Futuro

La exploración de casos de empresas líderes que han adoptado con éxito prácticas innovadoras para prepararse para el futuro del trabajo, destacando cómo han gestionado la diversidad generacional y creado entornos laborales adaptables y resilientes nos dan una mejor visión de preparación para el futuro.

1. Google: Flexibilidad y Cultura del Aprendizaje

Innovación: Google ha sido pionero en la creación de un entorno laboral flexible y una cultura de aprendizaje constante. Ofrece programas de formación interna, como Google Career Certificates, para que los colaboradores adquieran nuevas habilidades digitales y tecnológicas.

Impacto: Esta estrategia no solo ayuda a Google a mantenerse a la vanguardia en innovación, sino que también satisface las necesidades de desarrollo profesional de sus colaboradores, fomentando la lealtad y reduciendo la rotación.

2. Patagonia: Sostenibilidad y Responsabilidad Social

Innovación: Patagonia ha integrado la sostenibilidad en su núcleo empresarial, adoptando prácticas ecológicas y promoviendo la responsabilidad social. Esto incluye iniciativas como el Programa de Reciclaje de Ropa y la promoción activa de la conservación ambiental.

Impacto: Estas acciones resuenan fuertemente con los colaboradores más jóvenes, que valoran la ética y la responsabilidad corporativa, posicionando a Patagonia como un empleador deseable para las generaciones emergentes.

3. Zappos: Autonomía y Gestión Horizontal

I

nnovación: Zappos implementó un modelo de gestión holocrática, que elimina las jerarquías tradicionales y promueve la autogestión. Los colaboradores tienen la libertad de tomar iniciativas y liderar proyectos que les apasionan.

Impacto: Este enfoque ha llevado a altos niveles de compromiso y satisfacción de los colaboradores, y ha establecido a Zappos como líder en innovación organizacional.

4. Siemens: Digitalización y Trabajo Remoto

Innovación: Siemens anunció una política permanente de trabajo desde cualquier lugar para su fuerza laboral global, permitiendo a los colaboradores trabajar de forma remota durante dos o tres días a la semana.

Impacto: Este cambio refleja un compromiso con la flexibilidad laboral y la digitalización, respondiendo a las expectativas de las generaciones más jóvenes y aumentando la productividad y la satisfacción laboral.

5. Airbnb: Adaptabilidad y Modelo de Negocio Ágil

Innovación: Ante la pandemia de COVID-19, Airbnb se adaptó rápidamente, pivotando su modelo de negocio hacia estancias de largo plazo y experiencias en línea para adaptarse a las restricciones de viaje.

Impacto: Esta agilidad permitió a Airbnb no solo sobrevivir a la crisis sino también innovar en su oferta, lo que demuestra la importancia de la adaptabilidad y la resiliencia organizacional.

6. Unilever: Diversidad e Inclusión

Innovación: Unilever ha establecido objetivos ambiciosos para lograr la igualdad de género en todos los niveles de liderazgo y promover la inclusión de grupos subrepresentados.

Impacto: Este enfoque ha mejorado su reputación como empleador inclusivo y ético, atrayendo a talentos de diferentes generaciones y antecedentes, lo que enriquece la innovación y la creatividad en la empresa.

Estos ejemplos ilustran cómo diferentes empresas, a través de la innovación en gestión, políticas laborales y modelos de negocio, están preparando activamente el camino para el futuro del trabajo. Adaptarse a las tendencias emergentes y satisfacer las necesidades de una fuerza laboral diversa generacionalmente son aspectos cruciales para construir organizaciones resilientes y prósperas en el siglo XXI.

Predicciones sobre las Tendencias Futuras en la Gestión de la Diversidad Generacional

1. Integración de Inteligencia Artificial en la Gestión de RRHH

Predicción: La inteligencia artificial (IA) jugará un papel crucial en la gestión de la diversidad generacional, ofreciendo soluciones personalizadas para el reclutamiento, la formación y el desarrollo profesional. Herramientas de IA podrán identificar las necesidades y preferencias de aprendizaje de cada generación, optimizando así la capacitación y el desarrollo de los empleados.

Impacto: La adopción de IA facilitará la creación de programas de formación a medida que aborden las brechas de habilidades entre generaciones y fomenten un ambiente de aprendizaje continuo.

2. Trabajo Remoto y Flexibilidad como Norma

Predicción: El trabajo remoto y las políticas laborales flexibles se convertirán en la norma, no en la excepción. Las empresas adoptarán estructuras más ágiles y descentralizadas que permitan a los colaboradores de todas las edades trabajar de manera que se ajuste a sus estilos de vida y preferencias personales.

Impacto: Esta tendencia fomentará una mayor inclusión y diversidad en el lugar de trabajo, atrayendo talento de diferentes generaciones y regiones geográficas.

3. Enfoque en la Salud Mental y el Bienestar

Predicción: Habrá un enfoque creciente en la salud mental y el bienestar en el lugar de trabajo. Las empresas desarrollarán programas y políticas que apoyen el bienestar mental y emocional de los colaboradores, reconociendo su impacto en la productividad y la satisfacción laboral.

Impacto: El compromiso con el bienestar de los colaboradores mejorará la retención y atraerá a éstos de todas las generaciones, especialmente a los más jóvenes, que valoran el equilibrio entre la vida laboral y personal.

4. Liderazgo Inclusivo y Colaborativo

Predicción: El liderazgo evolucionará hacia modelos más inclusivos y colaborativos, donde la participación y las contribuciones de colaboradores de todas las generaciones sean valoradas y fomentadas.

Impacto: Un liderazgo inclusivo y colaborativo impulsará la innovación y la adaptabilidad, asegurando que las empresas estén mejor preparadas para enfrentar desafíos futuros.

5. Estrategias de Retención Personalizadas

Predicción: Las estrategias de retención se volverán más personalizadas, enfocándose en las necesidades y expectativas específicas de cada generación. Las políticas de beneficios, oportunidades de desarrollo y reconocimiento se adaptarán para satisfacer las diversas motivaciones y aspiraciones de los colaboradores.

Impacto: Personalizar la retención ayudará a las empresas a mantener un personal diverso y comprometido, optimizando su potencial colectivo y minimizando la rotación.

6. Educación Continua y Reciclaje Profesional

Predicción: La educación continua y el reciclaje profesional se convertirán en componentes esenciales de la vida laboral, con empresas invirtiendo en plataformas de aprendizaje y desarrollo para mantener a su personal actualizado con las últimas habilidades y conocimientos.

Impacto: Esta inversión en aprendizaje continuo garantizará que las empresas y sus colaboradores permanezcan competitivos y relevantes, independientemente de los cambios en el mercado laboral y la economía global.

Al abordar estas predicciones y tendencias, las empresas pueden prepararse mejor para el futuro, asegurando que su gestión de la diversidad generacional sea proactiva, estratégica y alineada con las dinámicas cambiantes del mundo laboral.

Estrategias para Liderar el Cambio

Los líderes desempeñan un papel crucial en la preparación de sus organizaciones para el futuro del trabajo:

Visión Estratégica: Los líderes necesitan una visión clara de cómo evolucionará su industria y cómo la diversidad generacional puede ser una ventaja competitiva.

Comunicación Efectiva: Deben comunicar de manera efectiva los cambios y la visión del futuro, asegurando que todos los empleados comprendan y estén alineados con los objetivos de la organización.

Resiliencia Organizacional: Cultivar la resiliencia para adaptarse a los cambios rápidos, asegurando que la organización pueda responder de manera efectiva a los desafíos futuros.

Preparar el futuro del trabajo requiere un enfoque holístico que abarque la tecnología, la cultura organizacional y la gestión de la diversidad generacional. Las empresas que anticipan y se adaptan a estas tendencias no solo sobrevivirán a los cambios futuros, sino que prosperarán, beneficiándose de una fuerza laboral diversa, comprometida y altamente capacitada. Este capítulo proporciona una guía estratégica para que las organizaciones naveguen por el panorama laboral en evolución, enfatizando la importancia de la inclusión y la adaptabilidad en el éxito a largo plazo.

Resumen de los Aprendizajes Clave

A lo largo de este libro, hemos explorado la complejidad de la gestión de la diversidad generacional en el entorno laboral. Los aprendizajes clave incluyen:

Comprensión de las Generaciones: Cada generación tiene sus características distintivas influenciadas por su contexto histórico y cultural. Comprender estas diferencias es esencial para gestionar efectivamente la diversidad generacional.

Importancia de la Comunicación: La comunicación intergeneracional efectiva es crucial para minimizar conflictos y fomentar la colaboración en el lugar de trabajo.

Liderazgo Adaptativo: Un liderazgo efectivo en un entorno intergeneracional requiere adaptabilidad, empatía y la capacidad de conectar con empleados de diferentes edades y antecedentes.

Estrategias para la Adaptación y el Cambio: Las empresas deben ser proactivas en la adaptación al cambio, utilizando la diversidad generacional como un activo para impulsar la innovación y el crecimiento.

Preparación para el Futuro del Trabajo: Las tendencias emergentes, como la digitalización, el trabajo remoto y la sostenibilidad, están remodelando el futuro laboral, y las empresas necesitan prepararse para estos cambios aprovechando la diversidad generacional.

Reflexiones Finales sobre el Choque Generacional

El choque generacional, lejos de ser un obstáculo, puede convertirse en una fuerza dinámica que impulsa la innovación, la creatividad y el crecimiento. Las organizaciones que reconocen y valoran las contribuciones únicas de cada generación están mejor posicionadas para enfrentar los desafíos del futuro. La clave está en adoptar un enfoque inclusivo y colaborativo, donde las diferencias generacionales sean vistas como oportunidades para el aprendizaje y la mejora continua.

Con estos elementos, el libro no solo proporciona una comprensión profunda del choque generacional y su impacto en el ambiente laboral, sino que también ofrece herramientas prácticas y estrategias para que los líderes y las organizaciones naveguen con éxito en el dinámico mundo del trabajo intergeneracional.

Apéndices

Apéndice A: Herramientas de Diagnóstico Generacional

Cuestionario de Evaluación de la Dinámica Generacional en el Lugar de Trabajo

Instrucciones:

Complete el siguiente cuestionario para ayudar a evaluar la dinámica generacional en su organización. Califique cada afirmación en una escala de 1 a 5, donde 1 significa "Totalmente en desacuerdo" y 5 significa "Totalmente de acuerdo".

Sección 1: Comunicación y Colaboración

1 Los empleados de diferentes generaciones se comunican efectivamente entre sí.

1 2 3 4 5

2 Existe un intercambio abierto de ideas y conocimientos entre las generaciones en nuestra organización.

1 2 3 4 5

3 Las herramientas y plataformas de comunicación satisfacen las necesidades de todas las generaciones.

1 2 3 4 5

Sección 2: Estilos de Liderazgo y Gestión

4 Los líderes adaptan su estilo de gestión para satisfacer las necesidades de diferentes generaciones.

1 2 3 4 5

5 Los colaboradores sienten que su liderazgo comprende y respeta las diferencias generacionales.

1 2 3 4 5

6 Hay oportunidades de liderazgo para colaboradores de todas las edades.

1 2 3 4 5

Sección 3: Políticas de Trabajo y Flexibilidad

7 La organización ofrece arreglos de trabajo flexibles que acomodan las preferencias de diferentes generaciones.

1 2 3 4 5

8 Las políticas laborales reflejan un compromiso con la diversidad generacional.

1 2 3 4 5

9 Los colaboradores de todas las edades sienten que sus necesidades laborales están siendo atendidas.

1 2 3 4 5

Sección 4: Desarrollo Profesional y Oportunidades de Crecimiento

10 La empresa proporciona oportunidades de desarrollo profesional que son atractivas para colaboradores de todas las generaciones.

1 2 3 4 5

11 Existen programas de mentoría y aprendizaje que facilitan el intercambio de conocimientos entre generaciones.

1 2 3 4 5

12 Los colaboradores sienten que tienen oportunidades de crecimiento y avance en la organización, independientemente de su edad.

1 2 3 4 5

Sección 5: Cultura Organizacional e Integración Generacional

13 La cultura organizacional promueve el respeto y la inclusión de todas las generaciones.

1 2 3 4 5

14 Las diferencias generacionales son vistas como una fortaleza en nuestra organización.

1 2 3 4 5

15 Se toman medidas proactivas para abordar los conflictos o tensiones generacionales.

1 2 3 4 5

Comentarios Adicionales:

Espacio para que los colaboradores proporcionen comentarios o sugerencias adicionales sobre la dinámica generacional en su organización:

Este cuestionario ofrece una herramienta estructurada para que las organizaciones evalúen aspectos críticos de su dinámica generacional, proporcionando una base para acciones y estrategias de mejora.

Apéndice B: Recursos de Capacitación y Desarrollo en Gestión de la Diversidad Generacional

Este apéndice proporciona una lista de recursos recomendados, incluyendo cursos en línea, talleres y materiales de lectura, diseñados para mejorar las habilidades en la gestión de la diversidad generacional.

Cursos en Línea

Gestión de la Diversidad Generacional en el Lugar de Trabajo

Plataforma: LinkedIn Learning

Descripción: Curso que ofrece estrategias para mejorar la comunicación y colaboración entre diferentes generaciones.

Liderazgo Intergeneracional

Plataforma: Coursera

Descripción: Un curso que ayuda a los líderes a entender y navegar las dinámicas de equipos multigeneracionales.

Estrategias para la Diversidad Generacional

Plataforma: Udemy

Descripción: Proporciona herramientas prácticas para gestionar la diversidad generacional y fomentar un entorno de trabajo inclusivo.

Talleres y Seminarios

Diversidad Generacional en el Trabajo: Estrategias para la Inclusión

Organización: American Management Association (AMA)

Descripción: Talleres presenciales y virtuales que ofrecen estrategias para gestionar equipos multigeneracionales.

El Futuro del Trabajo: Preparándonos para la Diversidad Generacional

Organización: Future Workplace

Descripción: Seminarios que exploran las tendencias futuras del trabajo y cómo prepararse para la diversidad generacional.

Libros y Publicaciones

"Generations at Work: Managing the Clash of Boomers, Gen Xers, and Gen Yers in the Workplace" por Ron Zemke, Claire Raines y Bob Filipczak

Descripción: Un libro que ofrece una visión detallada de las diferentes generaciones en el lugar de trabajo y cómo gestionarlas eficazmente.

"The Multigenerational Workplace: Communicate, Collaborate, and Create Community" por Jennifer J. Deal y Alec Levenson

Descripción: Este libro proporciona estrategias para fomentar la comunicación y colaboración entre generaciones en el trabajo.

Recursos Web y Herramientas Interactivas

Generations.com

Descripción: Un sitio web dedicado a la investigación y educación sobre la diversidad generacional, ofreciendo artículos, infografías y herramientas de evaluación.

DiversityInc

Descripción: Ofrece recursos, artículos y estudios de caso sobre la gestión de la diversidad en el lugar de trabajo, incluyendo la diversidad generacional.

Harvard Business Review: Generational Diversity

Descripción: Una colección de artículos y estudios de caso que abordan diversos aspectos de la diversidad generacional y cómo las empresas están adaptándose a ella

Estos recursos están diseñados para proporcionar a los profesionales y organizaciones las herramientas y conocimientos necesarios para gestionar eficazmente la diversidad generacional, fomentando un entorno de trabajo inclusivo y productivo.

Apéndice C: Guía de Estrategias de Comunicación Intergeneracional

Este apéndice ofrece una guía práctica de estrategias para mejorar la comunicación intergeneracional en el lugar de trabajo, facilitando una mejor comprensión y colaboración entre las distintas generaciones.

1. Entender las Preferencias de Comunicación

Baby Boomers: Prefieren comunicaciones cara a cara, llamadas telefónicas o correos electrónicos formales.

Generación X: Valoran la eficiencia y son cómodos con los emails y las llamadas telefónicas, pero también se adaptan bien a las plataformas digitales.

Millennials: Favorecen la comunicación rápida a través de mensajes de texto, chats y plataformas de redes sociales.

Generación Z: Se inclinan por la comunicación visual y rápida a través de aplicaciones móviles y plataformas de video.

2. Establecer Normas de Comunicación Claras

Definir y compartir protocolos claros para la comunicación dentro de la organización, teniendo en cuenta las diferentes preferencias generacionales.

Establecer expectativas claras sobre los tiempos de respuesta y los canales apropiados para diferentes tipos de comunicación.

3. Fomentar la Comunicación Bidireccional y el Feedback

Promover un entorno donde el feedback sea constante, constructivo y bidireccional, permitiendo que todas las generaciones expresen sus opiniones y preocupaciones.

Organizar sesiones regulares de feedback y revisión donde colaboradores de diferentes generaciones puedan compartir sus experiencias y sugerencias.

4. Capacitar en Herramientas y Plataformas de Comunicación

Ofrecer capacitación sobre las herramientas y tecnologías de comunicación utilizadas en la organización para garantizar que todos, independientemente de su edad, puedan comunicarse eficazmente.

Considerar la implementación de nuevas herramientas que faciliten la colaboración y la comunicación entre generaciones.

5. Promover la Empatía y el Respeto Mutuo

Realizar talleres y actividades que fomenten la empatía y el entendimiento mutuo entre las generaciones.

Destacar la importancia de respetar las diferencias individuales y valorar la diversidad de perspectivas que cada generación aporta al equipo.

6. Implementar Mentoría Cruzada

Establecer programas de mentoría cruzada que permitan a los colaboradores de diferentes generaciones aprender unos de otros, tanto en habilidades técnicas como en comunicación y colaboración.

7. Utilizar Diversos Canales de Comunicación

Aprovechar una variedad de canales de comunicación para asegurar que se atiendan las preferencias de todas las generaciones, desde reuniones presenciales y llamadas telefónicas hasta mensajería instantánea y videoconferencias.

8. Revisar y Ajustar Regularmente las Estrategias de Comunicación

Realizar evaluaciones periódicas de la efectividad de las estrategias de comunicación y estar abierto a hacer ajustes según sea necesario para mejorar la colaboración y el entendimiento intergeneracional.

Incluir esta guía como apéndice en el libro proporcionará a los lectores un recurso valioso para desarrollar y implementar estrategias efectivas de comunicación intergeneracional, mejorando así la dinámica de trabajo y la productividad en organizaciones multigeneracionales.

Apéndice D: Glosario de Términos

Este apéndice proporciona definiciones de términos clave relacionados con la gestión de la diversidad generacional, facilitando una mejor comprensión del contenido discutido en el libro.

Baby Boomers

Definición: Generación nacida aproximadamente entre 1946 y 1964, conocida por su ética de trabajo, lealtad y preferencia por la comunicación cara a cara.

Generación X

Definición: Individuos nacidos entre 1965 y 1980, caracterizados por su independencia, escepticismo saludable y adaptabilidad a los cambios tecnológicos y económicos.

Millennials (Generación Y)

Definición: Personas nacidas entre 1981 y 1996, destacadas por su familiaridad con la tecnología digital, valoración del equilibrio entre la vida laboral y personal, y preferencia por una comunicación rápida y eficiente.

Generación Z

Definición: Nacidos desde 1997 hasta aproximadamente 2012, esta generación es conocida por su competencia tecnológica, valores orientados a la sostenibilidad y expectativas de inclusión y diversidad en el lugar de trabajo.

Comunicación Intergeneracional

Definición: El intercambio de información y conocimientos entre personas de diferentes generaciones, crucial para la colaboración y el entendimiento mutuo en ambientes laborales diversificados.

Diversidad Generacional

Definición: La presencia y coexistencia de varias generaciones dentro de una organización, cada una con sus características, valores y preferencias únicas.

Liderazgo Intergeneracional

Definición: Prácticas de liderazgo que reconocen y abordan las diferencias entre generaciones, promoviendo un entorno inclusivo y aprovechando la diversidad de talentos y perspectivas.

Cultura Organizacional

Definición: El conjunto de normas, valores, creencias y comportamientos que conforman el ambiente social y psicológico de una empresa.

Trabajo Remoto

Definición: Un arreglo de trabajo donde los empleados realizan sus tareas fuera de la oficina tradicional, a menudo desde el hogar, utilizando tecnología digital para comunicarse y colaborar.

Mentoría Cruzada

Definición: Un programa de mentoría donde personas de diferentes generaciones intercambian conocimientos y habilidades, facilitando el aprendizaje mutuo y la comprensión intergeneracional.

Gestión del Cambio

Definición: El proceso de guiar a una organización a través de cambios, incluyendo la adopción de nuevas tecnologías, estrategias y comportamientos, para mejorar su efectividad y responder a las condiciones del mercado.

Este glosario proporciona una referencia rápida a los términos importantes utilizados a lo largo del libro, ayudando a los lectores a entender mejor los conceptos y estrategias discutidos en la gestión de la diversidad generacional en el lugar de trabajo.

Bibliografía

Allen, S. (2023). *Domina tu mente.* EE. UU.: Edición I.O.

Goleman, D. (2023). *Cómo ser un líder.* Colombia: Penguin Random House Grupo Editorial.

Moreno Carrillo, L. H. (2022). *Gestión estratégica de los equipos de trabajo intergeneracionales en las organizaciones.* Nicaragua: Revista Torreón Universitario, 11(32).

O´Connor, J. (2012). *Introducción a la PNL.* España: Ediciones Urano S.A.

Rodríguez Páez, D. C., & Morales Herrera, M. L. (20 de Marzo de 2024). *Choque generacional, nuevo reto para las organizaciones.* Obtenido de http://aeo.izt.uam.mx/congresos/foro-19/presenta/rod-mor.pdf

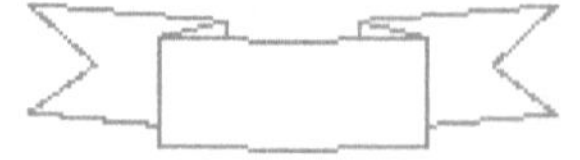